Anselm Grün OSB

Das Kreuz

Bild des erlösten Menschen

VIER-TÜRME-VERLAG MÜNSTERSCHWARZACH
1996

Die Deutsche Bibliothek – CIP-Einheitsaufnahme

Grün, Anselm:
Das Kreuz : Bild des erlösten Menschen / Anselm Grün. – 1. Aufl. – Münsterschwarzach : Vier-Türme-Verl., 1996
(Münsterschwarzacher Kleinschriften ; Bd. 99)
ISBN 3-87868-574-2
NE: GT

1. Auflage 1996
Gesamtherstellung: Vier-Türme-Verlag, D-97359 Münsterschwarzach Abtei

ISSN 0171-6360
ISBN 3-87868-574-2

MÜNSTERSCHWARZACHER KLEINSCHRIFTEN

herausgegeben
von den Mönchen der Abtei Münsterschwarzach

Band 99

Anselm Grün OSB

Das Kreuz

Bild des erlösten Menschen

VIER-TÜRME-VERLAG MÜNSTERSCHWARZACH
1996

INHALT

Einleitung 7

1. Das Symbol des Kreuzes in der frühen Kirche 11
   a) Die Kreuzigung Jesu 12
   b) Das Kreuz als universales Heilszeichen 13
   c) Das Kreuzzeichen 19
   d) Die Darstellung des Kreuzes und Gekreuzigten 24

2. Die Bedeutung des Kreuzes in der Bibel .. 27
   a) bei Paulus 27
   b) bei den Synoptikern 30
   c) bei Johannes 32

3. Theologische Deutung des Kreuzes bei Karl Rahner 35
   a) Kreuz als Ort der Erlösung 36
   b) Kreuz als Bild des wahren Humanismus 49
   c) Kreuz als Grundstruktur unserer Spiritualität 54

4. Andere Deutungsversuche des Kreuzes ... 59
   a) Jürgen Moltmann 59
   b) Paul Tillich 63
   c) C.G. Jung 68

5. Das Kreuz heute 79
   a) Protest gegen die Leidvergessenheit 80
   b) Bild des wahren Menschen 86
   c) Protest gegen alle Verabsolutierung 93

SCHLUSS 99

Einleitung

Das Kruzifixurteil, in dem die Verfassungsrichter die Vorschrift der bayrischen Schulordnung als verfassungswidrig bezeichnen, die das Aufhängen von Kreuzen in bayrischen Schulen vorschreibt, hat wie kein anderes Urteil die Gemüter erhitzt. Offensichtlich wurde da in der Volksseele etwas angerührt, was die Richter so nicht erwartet hatten. Auf einmal wurde überall über das Kreuz diskutiert. Das Kreuz, an dem viele normalerweise achtlos vorüber gegangen sind, stand auf einmal im Mittelpunkt. Und vielen wurde deutlich, wie wichtig ihnen dieses Symbol des Glaubens in ihrem eigenen Leben und im Leben der Öffentlichkeit ist. Manchmal wurde allerdings recht plakativ über das Kreuz gesprochen und nicht immer im Sinne Jesu, der für uns am Kreuz gestorben ist, um uns miteinander und mit Gott zu versöhnen. Vor allem habe ich in der Diskussion vermißt, daß man sich über die theologische und psychologische Bedeutung des Kreuzes genügend informiert hat. Oft hat man mit Schlagworten argumentiert, anstatt in der Tradition nachzulesen, wie sie das Bild des Kreuzes gesehen hat. Ich möchte in dieser Kleinschrift nicht zur juristischen Frage Stellung nehmen, sondern nur von der christlichen Tradition her nach der Bedeutung des Kreuzes überhaupt fragen. Was kann uns heute ein Kreuz sagen, das unsere Zimmer schmückt, das einen Berggipfel krönt, das in Arztpraxen, Krankenhäusern, Altenheimen, Gerichten und Schulen hängt? Was ist die theologische Bedeutung des Kreuzes? Was hat uns das Symbol des Kreuzes heute zu sagen?

Was mich bei dem Urteil bedenklich stimmt, ist die theologische Begründung. Hier wird also nicht nur juristisch gedacht, sondern auch theologisch. Aber die Frage ist, ob diese Theologie stimmt oder ob Hans Maier recht hat, wenn er den Richtern Mangel an Bildung und eine fundamentalistische Argumentation vorwirft. (Vgl. Pappert 222) Auf jeden Fall fordert sowohl die theologische Beweisführung der Richter zum Widerspruch auf als auch die entgegengesetzte Meinung, die das Kreuz zum bloßen Kulturdenkmal herabsetzt. Die frühe Kirche wird nicht müde, das Geheimnis des Kreuzes immer wieder neu zu bedenken und in vielen Bildern zu beschreiben. Wenn wir wie die Kirchenväter in Bildern denken, dann werden wir uns nicht gegenseitig die Köpfe einschlagen, wer denn nun recht habe. Es geht nicht um das Rechthaben, sondern um die vielfältige Bedeutung des Kreuzes, die nur durch Bilder angemessen zum Ausdruck kommen kann.

Seit fast 30 Jahren habe ich mich in meiner theologischen Arbeit mit dem Kreuz befaßt. Denn schon während meines Theologiestudiums ließ mich die Frage nicht los, warum wir das Kreuz so verehren und warum wir unsere Erlösung ausgerechnet am Kreuz festmachen. Daher habe ich meine Lizentiatsarbeit über die Erlösung durch das Kreuz beim evangelischen Theologen Paul Tillich und meine Doktorarbeit über das gleiche Thema bei Karl Rahner geschrieben. Die Doktorarbeit ist vergriffen und es lohnt sich nicht, sie neu aufzulegen. Die Diskussion um das Kreuz hat mich nun doch dazu bewegt, einige Gedanken aus der Doktorarbeit in einer Kleinschrift verständlicher darzulegen. Dabei möchte ich weniger über das theologische Thema der Erlösung schreiben, über das ich ja schon eine eigene Kleinschrift veröffentlicht habe (Vgl. Biblische Bilder von Erlösung, MKS 81). Ich möchte mich vielmehr auf die theologische, psychologische und symbolische Bedeutung des Kreuzes beschränken. Was hat uns das Kreuz zu sagen, mit dem wir unsere Häuser schmücken und die wir uns um den Hals hängen, mit dem wir uns täglich bezeichnen und das wir auch als Segen über andere Menschen sprechen? Ich möchte mit dieser Kleinschrift anregen, das Zeichen des Kreuzes theologisch und spirituell neu zu bedenken, damit wir bewußter mit den vielen Kreuzen umgehen, die wir täglich sehen.

1. Das Symbol des Kreuzes

Das Christentum hat das Kreuz nicht entdeckt. Vielmehr ist das Kreuz in allen Religionen ein wichtiges Symbol. Im alten Ägypten war das Henkelkreuz Zeichen für „Leben". Weit verbreitet ist auch das Radkreuz. Es gilt als Bild der Sonnenscheibe. Es findet sich sowohl in Asien als auch in Europa. Viele Städte sind nach diesem Muster des Radkreuzes gebaut, vor allem Rom, das als Roma quadrata, als viergeteilte Stadt geplant worden ist. Im nordgermanischen Bereich gibt es das Hammer-Kreuz. Es gilt als Waffe des nordischen Gottes Thor. In Indien finden wir das Hakenkreuz, das „Glückszeichen" bedeutet. Bei den Indianern in Lateinamerika finden wir das Kreuz in chi-förmiger Gestalt, die bei uns als Andreas-Kreuz bekannt ist. In allen Kulturen ist das Kreuz also ein kosmisches Symbol und ein Symbol für den Segen, den die Götter dem Menschen schenken, für Leben und Glück. Unabhängig vom Tod Jesu am Kreuz ist es schon ein Heilszeichen, ein Zeichen, das uns hinweist auf das wahre Leben, das uns zeigen möchte, wie menschliches Leben gelingt. In Israel ist das T ein Heils- und Schutzzeichen. So heißt es Ez 9,4: „Der Herr sagte zu ihm: Geh mitten durch die Stadt Jerusalem und schreib ein T auf die Stirn aller Männer, die über die in der Stadt begangenen Greueltaten seufzen und stöhnen." Wer mit dem T besiegelt ist, der wird vor Vernichtung bewahrt. Die frühen Christen beziehen sich auf diese Stelle, um die Stirnsignierung mit dem Zeichen des Kreuzes zu begründen. Das Kreuzzeichen, das sich die Christen auf die Stirne zeichnen, ist ein eschatologisches Siegel, ein Zeichen der Rettung, wenn die Welt zu Ende geht, und ein Eigentums-, Schutz- und Weihezeichen. Wer sich mit dem

Kreuz bezeichnet, der gehört ganz und gar Christus an, er weiht sich ihm und erfährt von ihm her Schutz in allen Bedrängnissen dieser Zeit.

a) Die Kreuzigung Jesu

Das Kreuz war für die frühen Theologen der Kirche ein Ärgernis. Denn die Kreuzigung als grausamste Todesstrafe der Antike forderte die Theologie heraus, im Kreuz einen tiefer liegenden Sinn zu entdecken. Und den fanden sie, indem sie all die Bilder, die ihnen die griechische Philosophie bereitstellte, im Kreuz verwirklicht sahen. So wurde das Ärgernis des Kreuzes zugleich zum Zeichen der Weisheit Gottes, in der das Wissen der Philosophie und der Dichtung in einem einzigen Bild zusammengefaßt wurde.

Die Strafe der Kreuzigung war allein Sklaven und Freigelassenen vorbehalten. In Palästina war die Kreuzigung die typische Strafe für Aufständische. Römische Staatsbürger wurden nie gekreuzigt. Das zeigt, daß Jesus von den Römern als politischer Aufwiegler gesehen wurde. Die Kreuzigung zu verhängen, war allein das Recht des römischen Statthalters. Dabei wurde kein eigentlicher Prozeß gegen Jesus geführt. Pilatus hat den Befehl zur Kreuzigung vielmehr aufgrund seiner exekutiven Gewalt, die er als römischer Statthalter hatte, gegeben. (Vgl. TRE 718) Die Tatsache, daß Jesus durch die Römer zur Zeit des Präfekten Pontius Pilatus (26-36) gekreuzigt worden ist, ist das wohl sicherste historische Faktum seines Lebens. Jesus wurde auf Golgota gekreuzigt. Die Hinrichtungsstätte mußte immer außerhalb der Stadt liegen. Der Verurteilte wurde zuerst gegeißelt. Dann mußte er den Querbalken zur Kreuzigungsstätte tragen. Die Verurteilten wurden an den Händen und Füßen ans Kreuz genagelt oder angebunden. Bei Jesus sagen uns die Quellen, daß er angenagelt wurde. Der Todeskampf konnte sehr lange dauern. Daher reichte man den am Kreuz Hängenden oft einen Betäubungstrank. Jesus lehnt diesen Trank ab. Während der Todeskampf bei manchen tagelang dauerte, stirbt Jesus schon nach wenigen Stunden, so daß sich Pilatus darüber wundert (Mk 15,44).

Die Mitgekreuzigten werden von den Evangelien mit dem typischen Ausdruck für Aufständische charakterisiert (lestai). Die Aufschrift am Kreuz Jesu läßt darauf schließen, daß Jesus als jüdischer Messiasprätendent hingerichtet worden ist (Vgl. TRE 717). Öfter werden den Sterbenden die Beine zerbrochen. Johannes betont ausdrücklich, daß das bei Jesus nicht der Fall war, da er schon tot war. Bestattet wurde Jesus in einem privaten Grab. Auch das war damals bei Gekreuzigten üblich. Schon die Evangelien versuchen, das Geschehen der Kreuzigung als Erfüllung von Gottes Verheißung zu beschreiben. Die Schriftzitate, die sie gerade im Zusammenhang mit der Passion Jesu immer wieder anführen, sollen zeigen, daß der Tod Jesu am Kreuz schriftgemäß war, daß die Propheten vor allem in den Psalmen den Kreuzestod des Messias vorausgesehen haben. Die Kirchenväter setzten diesen Versuch, das Kreuz Jesu als Ausdruck von Gottes Weisheit zu sehen, fort, indem sie die griechischen Mythen und die griechische Philosophie zu Hilfe nahmen, um überall Hinweise auf das Kreuz zu entdecken.

b) Das Kreuz als universales Heilszeichen

Gregor von Nyssa bezeichnet das Kreuz als Theologen, da es mit seiner Gestalt die Wahrheit des Kosmos und des Menschen verkündet. Im Kreuz bildet sich symbolhaft die Grundbeschaffenheit aller Wirklichkeit ab. Das Kreuz ist das dem Kosmos aufgeprägte Grundschema, das Weltbaugesetz. Plato spricht im Timaios von der Weltseele, die sich im himmlischen Chi zeigt. Darin „liest nun der antike Christ wie eine schon den Heiden aufgegangene Ahnung des weltbauenden Logos, der am Kreuz hängend den Kosmos zusammenfaßt“ (Hugo Rahner 78). Christus starb am Kreuz, um der ganzen Welt sein Zeichen aufzudrücken, oder wie Irenäus schreibt, „auf daß er das Universum in sich rekapituliere“ (Ebd 80). In den apokryphen Andreasakten spricht der Apostel selbst das Lob „des kosmischen Mysteriums, das sich in der Figur des Kreuzesholzes verhüllt“: „Ich kenne dein Mysterium, o Kreuz, um dessentwillen du auch errichtet bist. Denn du bist festgerammt in der Welt, um das Unstete zu befestigen. Und du reichst bis in den Himmel, um den von oben kommenden Logos anzuzeigen. Du bist ausgebreitet zur Rechten und zur Linken, auf daß du die furchtbare feindliche Macht in die Flucht jagst und die Welt zusammenbringst. Und du bist in der Erdentiefe festgefügt, damit du das, was auf der Erde und unter der Erde ist, mit dem Himmel verbindest. O Kreuz, du Heilswerkzeug des Höchsten!... O Name des Kreuzes, der du das Weltall in dir beschließest! Heil dir, o Kreuz, daß du den Kosmos in seinem Umfang zusammenhältst.“ (Ebd 83f)

Justin der Märtyrer hat die verschiedenen Bedeutungen des Kreuzes gesammelt. Er sieht in der Gestalt des Menschen mit ausgestreckten Armen das Kreuz verwirklicht. Das Kreuz ist ein Bild für die Einheit der Gegensätze und gerade so ein Bild für den Menschen, der in sich nicht eindeutig ist, sondern voller Gegensätze, weil er in sich Geist und Materie, Engel und Tier, Mensch und Gott vereint. Der Mensch wird erst dann ganz er selbst, wenn er ja sagt zu seiner Kreuzstruktur. Die Vertikale, die in der Erde eingerammt ist und sich zum Himmel streckt, ist Bild für den Menschen, der zwischen Himmel und Erde ausgespannt ist. Die Horizontale verweist auf die Gegensätze von anima und animus, von Liebe und Haß, von Ja und Nein, von Einsamkeit und Gemeinschaft. Sie verweist ihn in die Solidarität zu den Menschen, ohne die er nicht Mensch sein kann. Die Gegensätze können den Menschen zerreißen. Der Grieche erfuhr sein Unheil ja gerade als Zerrissensein zwischen den verschiedenen Gegensätzen, zwischen den Bedürfnissen, die ihn hin- und her zerrten, zwischen den Gedanken und Gefühlen, zwischen Leidenschaften und Tugenden, zwischen Geist und Materie. Die große Sehnsucht der Griechen zielte auf das Einswerden. To hen, das Eine, war Ziel allen griechischen Philosophierens. Wie kann der Mensch aus der Zerrissenheit zur Einheit gelangen? Das Kreuz war für sie der Weg zu dieser Einheit. Wenn der Mensch ja sagt zu seinen Gegensätzen, dann hören sie auf, ihn zu zerreißen, dann machen sie ihn weit, so weit wie den Kosmos, den er im Kreuz umfaßt. Deshalb sprechen die Kirchenväter vom „ausgespannten (tetamenos) = gekreuzigten" Logos, der am Kreuz die Gegensätze verbindet. Der Längsbalken wurde mit dem Logos identifiziert, der Querbalken mit der menschlichen Natur. „Wie das Querholz mit dem Kreuzesstamm, so ist die Menschheit mit dem Logos verbunden." (Grillmeier 79)

Justinus erkennt das Kreuz in den Werkzeugen des Ackerbaus, in den Sieges- und Feldzeichen der Römer. So wurde für die frühen Christen das Kreuz zum Triumphzeichen über die Macht des

Todes und der Sünde. Gregor von Nyssa spricht vom unbesiegbaren Siegeszeichen des Kreuzes. Vor allem aber sah man das Kreuz im Schiffsmast dargestellt. Und man deutet die Geschichte von Odysseus, der sich an den Schiffsmast anbinden läßt, um so ohne Gefahr den Gesang der Sirenen anhören zu können, im Sinne des Kreuzes. Wer ans Kreuz Christi angebunden ist, der kann sicher durch die Wirrnisse dieser Welt gelangen. So haben die Kirchenväter die Weisheit der Griechen, wie sie in der Odysee zum Ausdruck kommt, im Kreuz verwirklicht gesehen. Wohl als einer der ersten deutet Clemens von Alexandrien die beliebte Geschichte von Odysseus auf das Kreuz: „Fahre vorbei an dem Gesang, er bewirkt den Tod. Aber wenn du nur willst, so kannst du Sieger bleiben über das Verderben: angebunden an das Holz wirst du losgebunden sein von jeglichem Untergang. Dein Steuermann wird sein der Logos Gottes, und in den Hafen der Himmel wird dich einfahren lassen das Pneuma, das heilige. Dann wirst du meinen Gott schauen, wirst eingeweiht werden in die heiligen Mysterien und wirst genießen dürfen das im Himmel Verborgene, das mir aufbewahrt ist, das weder ein Ohr gehört hat, noch je eines Menschen Herz vernahm." (Hugo Rahner 473f) Immer wieder finden wir bei den griechischen wie lateinischen Kirchenvätern eine ähnliche Deutung des so beliebten homerischen Epos. So schreibt Maximus von Turin: „Der Mastbaum des Kreuzes läßt den Menschen, der an ihn gebunden ist, sicher in die Heimat gelangen. Ja nicht nur das: selbst die Gefährten, die um den Mastbaum versammelt sind, beschützt er mit seinem kraftspendenden Schatten. Daß das Kreuz uns wirklich nach vielen Irrfahrten ins Vaterhaus heimführt, versichert der Herr, da er am Kreuzholz dem Schächer erklärt: Heute noch wirst du mit mir im Paradies sein. Ja, dieser Schächer: lange war er auf irrender Fahrt, war schiffbrüchig, und niemals wäre er zum Vaterland des Paradieses heimgekehrt, aus dem einst der erste Mensch ausgezogen war, wenn er nicht an den Mastbaum eines Kreuzes gebunden worden wäre.“ (Ebd 482)

Irenäus und schon vor ihm Justinus sehen in alttestamentlichen Bildern das Kreuz schon im voraus dargestellt. Typos für das Kreuz ist das Holz der Arche Noah, das uns rettet vor der Sintflut. Das Holz des Kreuzes bewahrt unsere schiffbrüchige Natur vor dem Untergang und führt uns sicher an den Hafen des ewigen Lebens. Der Stab, mit dem Mose an den Felsen schlägt, so daß er zur Wasserquelle wird, ist ein anderes Vorbild für das Kreuz, das uns die Quelle der Gnade erschließt. Außerdem sahen die Kirchenväter eine Entsprechung zwischen dem Kreuz und dem Lebensbaum im Paradies (Gen 2). So heißt es in der „Syrischen Schatzhöhle“, die aus dem Kreis um Ephräm den Syrer entstand: „Dieser Lebensbaum in der Mitte des Paradieses ist ein Vorbild des Erlösungskreuzes, das der eigentliche Lebensbaum ist, und dieses Kreuz ward in der Mitte der Erde errichtet.“ (Ebd 95) Die Entsprechung zwischen dem Paradiesesbaum und dem Kreuz wird noch durch viele Legenden vertieft, etwa durch die Legende, daß Adam auf Golgotha begraben wurde und daß genau über seinem Grab das Kreuz errichtet wurde. Viele mittelalterlichen Bilder haben diese Legende so dargestellt, daß der Adamsschädel am Fuß des Kreuzes vom Blut Christi benetzt wird. Während der Lebensbaum des Paradieses durch die Sünde Adams zum Fluch wurde, ist das Kreuz der wahre Lebensbaum. Daher wird es in der frühchristlichen Kunst oft auch als Lebensbaum dargestellt, so etwa in der berühmten Apsis von S. Clemente in Rom.

Johannes Chrysostomus bezeichnet ähnlich wie Ignatius das Kreuz als Hebegerät, das die Menschheit aus ihrer Niedrigkeit in die neue Seinsweise des erlösten und vergöttlichten Menschen emporzieht (Vgl. Stockmeier 76f). Er vergleicht das Kreuz ferner mit einer Fackel. Das Kreuz vertreibt als Licht die Dunkelheit dieser Welt und aus dem Kreuz heraus strömt eine Quelle von Freude auf die Christen aus. Der große Prediger preist immer wieder die heilende und erhellende Wirkung des Kreuzes, mit dem der Christ in der Taufe versiegelt wurde und das er immer mit sich trägt: „Dieses Zeichen hatte schon zur Zeit unserer Vorfahren und hat auch jetzt noch die Kraft, verschlossene Türen zu öffnen, Giftmittel unschädlich zu machen, dem Schierling seine Wirkung zu nehmen, vom Bisse giftiger Tiere zu heilen.“ (Stockmeier 101) Chrysostomus spricht mit anderen Kirchenvätern häufig vom lebenspendenden Kreuz. Das Kreuz „hat den Erdkreis, der früher unfruchtbar an Tugend war und gleich einer Wüste nichts Gutes hervorbringen konnte, zum Paradiese und zur kinderreichen Mutter gemacht.“ (Ebd 103) Das Kreuz hat den durcheinandergeratenen Kosmos wieder ins Lot gebracht. (Ebd 117) Das Kreuz hat den ewigen Gegensatz zwischen Himmel und Erde überwunden und ist zum Strukturprinzip des Kosmos geworden. (Ebd 123)

Neben dieser kosmischen Sicht kennt Chrysostomus auch eine geschichtliche Bedeutung des Kreuzes. Das Kreuz ist die Zeitenwende, die alles wandelt. Vor dem Kreuz war alles traurig. Nach dem Tod Jesu am Kreuz entsteht überall blühendes Leben. Das Kreuz ist der Gipfelpunkt der Sorge Gottes um uns Menschen. (Ebd 130) Und das Kreuz ist das Siegeszeichen, mit dem Christus am Ende der Tage im Lichtglanz erscheinen wird. Wenn Christus in seiner Herrlichkeit kommen wird, wird das Kreuz vor ihm einherschreiten. Kreuzverehrung und Parusieerwartung hängen in der frühen Kirche eng miteinander zusammen. Daher zeigen die Sarkophage der frühen Christen den jugendlichen Christus mit dem Kreuz als Siegestrophäe, um den Christen zu glaubhaft zu machen, daß im Kreuz der Tod überwunden und zum Eingang ins Paradies verwandelt ist.

c) Das Kreuzzeichen

In der Taufe wurde man mit dem Zeichen des Kreuzes besiegelt und so der Macht der Welt entrissen. Die Versiegelung mit dem Kreuz in der Taufe bewirkt die Übereignung des Christen an Gott und die Aussonderung aus der übrigen Menschheit und aus der Macht des Satans. Manche Christen ließen sich das Kreuz eintätowieren. Wenn sich die Christen immer wieder mit dem Kreuz bezeichnen, dann erinnern sie sich an die Taufe, daß sie Eigentum Gottes sind und daß alle ihre Lebensvollzüge unter dem Segen des Kreuzes stehen. Davon sprechen viele Texte der Kirchenväter. So schreibt Tertullian im Jahre 211: „Bei jedem Ausgang und Fortgang, bei jedem Anfang und Ende, beim Kleideranlegen und Schuhanziehen, vor dem Bade, wenn wir zu Tische gehen, wenn wir die Lichter anzünden, wenn wir uns aufs Ruhebett legen oder auf einen Stuhl setzen, bei jedem Tun der täglichen Beschäftigung bezeichnen wir die Stirne mit dem Zeichen des Kreuzes.“ (Ebd 241) Manche Theologen meinen, daß die frühen Christen mit dieser Praxis der Selbstbekreuzung in allen Lebenssituatiaonen abergläubische Praktiken der Heiden verdrängen wollten. Entscheidend ist, daß die Christen sich überall unter das Kreuz stellten und sich von der heilenden und erlösenden Kraft des Kreuzes berühren ließen. Damals war das Sichbezeichnen mit dem Kreuz ein öffentliches Bekenntnis zu Christus, das manche mit dem Leben bezahlen mußten. Auch heute ist das Kreuzzeichen, das manche in in der Gaststätte vor dem Essen machen, wieder ein öffentliches Sichbekennen zu Christus geworden. In diesem Sinn schreibt Cyrill von Jerusalem in seinen Katechesen: „Schämen wir uns nicht, den Gekreuzigten zu bekennen! Besiegeln wir vertrauensvoll mit den Fingern die Stirne, machen wir das Kreuzzeichen auf alles, das Brot, das wir essen, über den Becher, den wir trinken! Machen wir es beim Kommen und Gehen, vor dem Schlafe, beim Niederlegen und Aufstehen, beim Gehen und Ruhen. Groß ist dieses Schutzmittel. Unentgeltlich ist es der Armen wegen; der Schwachen wegen kostet es keine Mühe. Von Gott kommt ja die Gnade. Das Kreuz ist das Kennzeichen der Gläubigen, der Schrekken der Dämonen. ‘Durch das Kreuz hat Christus nämlich über sie triumphiert, offen sie bloßstellend’ (Kol 2,15). So oft sie das Kreuz sehen, erinnern sie sich des Gekreuzigten. Sie fürchten sich vor dem, der dem Drachen die Köpfe zertreten hat.“ (Ebd 243)

Johannes Chrysostomus ermahnt die Christen, das Kreuzzeichen nicht nur äußerlich zu machen, sondern auch innerlich zu vollziehen: „So oft du dich mit dem Kreuze bezeichnest, beherzige alles, was im Kreuze liegt; dämpfe den Zorn und alle übrigen Leidenschaften! Wenn du dich bekreuzest, erfülle deine Stirn mit großer Zuversicht, mache deine Seele frei! ... Man darf das Kreuz aber nicht einfach nur mit dem Finger machen, sondern zuerst mit dem Herzen, voll innigen Glaubens. Wenn du es in dieser Weise auf deine Stirn zeichnest, dann wird dir kein unreiner Geist nahen, weil er die Waffe sieht, die ihm die Wunde geschlagen, das Schwert, welches ihm den tödlichen Streich versetzte." (Ebd 243) In diesen Texten ist immer von der Besiegelung der Stirne mit dem Zeichen des Kreuzes die Rede. Dieser Brauch geht schon auf das 1. Jhd. zurück. Chrysostomus begründet das Versiegeln mit dem Kreuzzeichen auf der Stirne damit, daß die Stirne der vornehmste Teil des Menschen ist: „Denn dieses Zeichen prägen alle immerfort dem vornehmsten Teile ihres Körpers ein und tragen es auf der Stirne wie auf einer Säule eingegraben täglich umher." (Ebd 217f) Daneben gibt es noch den Brauch, mit dem Daumen das Kreuz auf Stirn, Mund und Brust zu zeichnen, um zu bekennen, daß unser Denken, Sprechen und Fühlen von der Liebe Christi geprägt sein soll. Beim großen Kreuzzeichen fährt man mit der ganzen Hand von der Stirn zum Bauch und dann zur linken und rechten Schulter. Damit drücken wir aus, daß wir als Menschen kreuzförmig sind, daß Christus allein die Gegensätze unseres Menschseins zusammenhalten kann. Die Stirn steht für das Denken, der Bauch für die Vitalität und Sexualität, die linke Schulter für das Unbewußte, die rechte für das Bewußte. Wir sind als Menschen kreuzförmig geformt und bekennen uns mit diesem Zeichen dazu. Und wir drükken damit unsern Glauben aus, daß alles in uns von der gekreuzigten Liebe Gottes berührt, gesegnet und verwandelt wird.

Der Christ bezeichnet sich nicht nur mit dem Kreuz, er betet auch in der Haltung des Kreuzes. Daher ist die Urgebärde christlichen Betens die

Kreuzgebärde. Wenn die Christen in der Kreuzgebärde beten, so preisen sie Gott für die Liebe, die im Kreuz Jesu offenbar geworden ist. Sie erinnern sich in dieser Gebetsgebärde an die Erlösung, die im Kreuz geschehen ist. Und zugleich sehnen sie sich darin nach der Wiederkunft Jesu Christi. Daher betete man in Richtung Osten, von wo man Christi Parusie erwartete. Auch wenn das Kreuz in den Apsiden der frühchristlichen Kirchen dargestellt wird, hat es diese eschatologische Bedeutung. Man schaut auf das Kreuz, das in Licht gehüllt ist, und sehnt sich nach dem Kommen Christi in Herrlichkeit, wo er diese Welt verwandeln wird und die bedrängten Christen aller Not entreißen wird.
Schon im Altertum gibt es den Brauch, kleine Kreuzchen aus Metall oder einem anderen Material zu tragen. Frauen und Männer, Sklaven und Freie, ja schon die Kinder hängen sich das ehemals verabscheute Zeichen des Kreuzes um den Hals. Es ist für sie ein Schutzzeichen geworden, das sie vor Dämonen, vor dem negativen Einfluß von Menschen, vor Unfällen und Krankheiten schützen soll. Auch hier haben die Christen sicher den heidnischen Brauch, schützende Amulette um den Hals zu tragen, verchristlicht und damit bekannt, daß das Kreuz das eigentliche Schutzzeichen ist. Das Kreuz, das sie sich um den Hals hängen, ist aber auch Zeichen für die Liebe Gottes, die sie überall umgibt, für die Liebe Christi, der für sie persönlich gestorben ist, und für ein Leben aus dem Kreuz, für ein Leben, das der Liebe des Gekreuzigten mit allen Fasern des Herzens antwortet. Die christliche Volksfrömmigkeit der ausgehenden Antike ist sehr stark von der Verehrung des Kreuzes getragen und von der Bereitschaft, ein Leben zu führen, das dem Kreuz Christi entspricht.

Ganz viel Raum nehmen die Darlegungen der Kirchenväter über das Leben aus dem Kreuz ein. Es hat keinen Zweck, nur das Zeichen des Kreuzes mit sich zu tragen, wenn man nicht bereit ist, das Kreuz täglich auf sich zu nehmen. Das Kreuz tragen heißt für die frühen Christen einmal, bereit sein für das Martyrium, zum andern die Gefährdungen überwinden, die aus dem Innern emporsteigen, und Ja zu sagen zu den Leiden und Trübsalen des Daseins. (Ebd 164-167) Das Kreuz tragen heißt vor allem, geduldig und standhaft ertragen, was uns Gott im Leben zumutet, Verfolgung, Leiden, Trübsal, Verletzungen, Kränkungen, Enttäuschungen. Für Chrysostomus hat uns das Kreuz eine neue Weisheit gebracht und uns in jeglicher Tugend unterwiesen. Chrysostomus mahnt die Christen, ein gekreuzigtes Leben zu führen: „Ist dein Herr nicht an den Kreuzespfahl geschlagen worden? Ahme du den Herrn auf andere Weise nach! ... Kreuzige dich selbst, auch wenn niemand dich kreuzigt. Kreuzige dich selbst, nicht um dich selbst umzubringen - Gott bewahre, das wäre ja gottlos -, sondern wie Paulus spricht: 'Mir ist die Welt gekreuzigt und ich der Welt' (Gal 6,14). Wenn du deinen Herrn liebst, so stirb desselben Todes wie er!" (Ebd 174) Der Welt gekreuzigt sein, das heißt, die Gier nach Besitz loszulassen, das Sichklammern an Sicherheiten aufzugeben, Reichtum und Bequemlichkeit zu meiden. „Unter Welt versteht er hier nicht den Himmel oder die Erde, sondern die irdischen Dinge, eben Menschenlob, äußere Macht, Ruhm, Reichtum und alles dergleichen, was glänzend zu sein scheint. Dieses nämlich ist für mich tot." (Ebd 177)

d) Die Darstellung des Gekreuzigten

In den ersten drei Jahrhunderten hat man immer nur das Zeichen des Kreuzes dargestellt, nie den Gekreuzigten selbst. Das Kreuz war Siegeszeichen und wurde daher mit Edelsteinen kostbar verziert. Erst im 5. Jhd. begegnet uns zum ersten Mal eine Darstellung Jesu am Kreuz, so an der Holztüre von S. Sabina in Rom. Christus wird aber nicht als Leidender dargestellt, sondern als sieghafter Gott oder siegesgewisser Beter. Vom 6. Jhd. an wird Christus oft mit einer Tunica angetan am Kreuz dargestellt, so im syrischen Rabulas-Codex. Obwohl Christus tot ist, hat er die Augen geöffnet. Das ist ein Zeichen dafür, daß seine Gottheit vom Tode nicht berührt wurde. Die frühe Kirche vergleicht Christus mit dem Löwen. Vom Löwen sagt man, daß seine Augen wachen, wenn er in seiner Höhle schläft. Christus ist der mystische Löwe. Der mystische Schlaf ist für ihn der leibliche Tod am Kreuz. Aber zugleich wacht er mit seiner Gottheit. (Vgl. Grillmeier 83ff)

Im Abendland erscheinen die Darstellungen des gekreuzigten Christus erst im 8. Jhd, und zwar in der Buchmalerei der Iren. Christus wird immer mit einem Gewand und mit offenen Augen dargestellt. Die karolingische und später die byzantinische Kunst halten sich an diese Tradition, die bis ins 13. und 14. Jhd. reicht. Dann verursacht die Leidensmystik, die von den Franziskanern stark betont wurde, eine Änderung in der Darstellung. Jetzt tritt der leidende Christus in den Mittelpunkt. Das Leiden wird immer realistischer und grausamer dargestellt, bis zu den Übertreibungen der Barockzeit.

In der Diskussion um das Kruzifix-Urteil wurde öfter betont, daß man den Kindern keine grausamen Kreuzesdarstellungen zumuten darf. Sicher sollten wir heute sensibler mit den verschiedenen Kreuzesbildern umgehen. Der grausame Ausdruck des Barocks ist nicht unbedingt immer geeignet, die Liebe zum Gekreuzigten zu vertiefen oder das Kreuz als Zeichen der Erlösung und des Sieges der göttlichen Liebe über den Haß der Welt verständlich zu machen. Wir sollten da lieber wieder an die altkirchliche Tradition anknüpfen, die das Kreuz als Heilszeichen und als Siegeszeichen verstanden hat und als Zeichen, daß wir Gott gehören und der Macht der Welt entrissen sind. In den grausamen Kreuzesdarstellungen drückt sich oft auch unterdrückte Aggressivität aus. In der Ostkirche sind die Bilder oft heilsamer, während die westliche Kirche nicht nur die Kreuzigung, sondern auch viele Märtyrerszenen recht grausam dargestellt hat. Die christlichen Bilder sollten aber heilende Bilder sein. Natürlich geht es nicht darum, die Augen vor dem Leiden zu verschließen. Ein leidender Christus am Kreuz kann gerade für Menschen, die krank sind oder ein schweres Leid zu tragen haben, ein Zeichen der Hoffnung sein. Sie fühlen sich dann in ihren Schmerzen nicht allein gelassen. Aber der schmerzverzerrte Christus am Kreuz darf nicht im Mittelpunkt unserer Kreuzesdarstellungen stehen.

2. Die Deutung des Kreuzes in der Bibel

a) bei Paulus

Am meisten hat sich in der frühen Kirche wohl der Apostel Paulus darum bemüht, eine eigene Kreuzestheologie zu entwickeln. Er entfaltet seine Kreuzestheologie in dreifachem Zusammenhang. Da ist einmal das Wort vom Ärgernis des Kreuzes, das „für Juden ein empörendes Ärgernis, für Heiden eine Torheit, für die Berufenen aber, Juden wie Griechen, Christus, Gottes Kraft und Gottes Weisheit“ (1 Kor 1,23f) ist. Das Kreuz ist für Paulus das Bild für einen Gott, der es wagt, sich in seinem Sohn Jesus Christus zu erniedrigen und sich auf die Schwachen einzulassen. Das Kreuz ist so Protest gegen alles Sich-selbst-rühmen, als ob wir uns selbst gerecht machen und auf die eigene religiöse Leistung bauen könnten. Im Kreuz wird Gottes Weisheit sichtbar, die gerade in seiner Liebe besteht, die keinen ausschließt, sondern sich besonders den Schwachen und Gescheiterten zuwendet. Das Kreuz ist Zeichen für eine bedingungslose Liebe, die jedem Hoffnung schenkt, auch dem, der nichts vorzuweisen hat, der das Gefühl hat, vor einem Scherbenhaufen zu stehen. Diese erste Bedeutung hat Paulus in Auseinandersetzung mit gnostisierenden Tendenzen in Korinth entfaltet, die das Kreuz verflüchtigen wollten, weil es in ihre Konzeption von Erlösung nicht hineinpaßte.

Die zweite Bedeutung wird sichtbar in der Auseinandersetzung mit jüdischen Gegnern. Paulus greift zurück auf Dtn 21,23, daß der am Holz hängende verflucht sei: „Christus hat uns vom Fluch des Gesetzes freigekauft, indem er für uns zum Fluch geworden ist; denn es steht in der Schrift: Verflucht ist jeder, der am Pfahl hängt.“

(Gal 3,13) Das Kreuz ist für Paulus Zeichen der Liebe Christi, der „für uns" gelebt hat und „für uns" gestorben ist. Er hat für uns Heil gewirkt und den Heilsweg des Gesetzes, der Tora, entmachtet. Wir müssen uns das Heil nicht mehr durch Gesetzeserfüllung erwirken, sondern Christus hat es ein für allemal für uns gewirkt. Er hat uns von der Macht der Sünde befreit, weil er uns mit einer Liebe geliebt hat, die selbst die Sünde noch umgreift. Hier ist das Kreuz ein Zeichen für die Gnade Gottes und ein Protest gegen den Versuch des Menschen, sich selbst zu erlösen und sein Heil durch eigene Leistung zu erkaufen. Diese Tendenz hat nicht nur die pharisäische Frömmigkeit geprägt, sie schleicht sich vielmehr in jeden spirituellen Weg ein. Immer sind wir in Gefahr, unser Heil selber wirken zu wollen, es abhängig zu machen von der Befolgung bestimmter Regeln und Gesetze. Das Kreuz streicht für Paulus diese selbst gewählten Heilswege durch und verweist uns auf das Geheimnis der göttlichen Gnade.

Die dritte Deutung gibt Paulus dem Kreuz als Bild für unsere christliche Existenz: „Alle, die zu Christus Jesus gehören, haben das Fleisch und damit ihre Leidenschaften und Begierden gekreuzigt." (Gal 5,24) Und wenig später sagt Paulus von sich selbst: „Ich aber will mich allein des Kreuzes Jesu Christi, unseres Herrn, rühmen, durch das mir die Welt gekreuzigt ist und ich der Welt." (Gal 6,14) Das Kreuz ist also Zeichen für die neue Existenz im Glauben, in der wir uns vom Geist Jesu Christi leiten lassen und nicht mehr von unseren Leidenschaften, in der Gott über uns herrscht und nicht mehr diese Welt mit ihren Maßstäben. Das Kreuz ist für Paulus der Protest gegen eine in sich verschlossene Welt, die sich von Leidenschaften und dämonischen Mächten bestimmen läßt. Das Kreuz verweist auf die Liebe Gottes, die in uns ausgegossen worden ist durch den Heiligen Geist. Diese neue Existenz durchkreuzt die in sich verschlossene Daseinsweise der Sünde und bricht sie auf für Gottes Geist, der uns verwandelt und erneuert. So wird das Kreuz zum Zeichen der neuen Existenz in Jesus Christus, für die andere Maßstäbe gelten als für eine rein weltliche Existenz, die sich nach den unmenschlichen Gesetzen dieser Welt richten muß. Die Welt mit ihren Maßstäben von Leistung und Anerkennung hat keine Macht mehr über uns. Wir definieren uns nicht mehr von dem, was die Welt von uns hält, ob wir Erfolg haben oder nicht, ob wir gesund sind oder nicht, sondern von Gott her, der uns in Jesus Christus eine neue Möglichkeit des Menschseins aufgezeigt hat, den Menschen, der aus der Liebe lebt und sich in dieser Liebe hingibt.

Paulus ist so sehr mit dem Kreuz Jesu Christi zusammengewachsen, daß er von sich sagen kann, daß er die Zeichen Jesu an seinem Leibe trage (Vgl. Gal 6,17). Er spricht hier von stigmata. Stigma meint eine Narbe, Tätowierung, ein Brandmal oder eingeritztes Malzeichen. Herodot berichtet von ägyptischen Sklaven, die in den Heraklestempel flüchten und dort heilige Zeichen eingebrannt bekommen. Dadurch werden sie Eigentum Gottes, der sie nun auch schützt vor den Verfolgern. Paulus bekennt, daß er durch die Brandmarkung des Kreuzes allein Christus gehört und unter seinem Schutz steht. Dölger meint, in der Taufe seien die Christen mit dem Zeichen des Kreuzes versiegelt worden, um zu bekennen, daß die Welt keine Macht mehr über sie habe, daß sie allein in der Liebe Gottes geborgen und geschützt sind, die im Kreuz Christi offenbar geworden ist. Aber hier bezieht sich Paulus wohl auf die Krankheiten und Schmerzen, die Wunden und Narben, „die er in seiner apostolischen Nachfolge Jesu und in seinem apostolischen Dienst erlitten hat... Er ist ein Sklave Christi, dem die Leiden seines Herrn durch Nöte und Verfolgungen leiblich eingebrannt sind.“ (Schlier 285)

b) bei den Synoptikern

In den synoptischen Evangelien wird auch schon eine Kreuzestheologie sichtbar. Markus kennt das sog. Messiasgeheimnis. Jesus verbietet den Menschen, von seinen Heilungswundern zu sprechen. Jesus kann erst als der Gekreuzigte als Messias erkannt werden. Sonst würden ihm die Juden ein verkehrtes Messiasbild überstülpen. Auch als der Auferstandene bleibt Jesus der bleibend Gekreuzigte (Mk 16,6). Markus verbindet in seinem Evangelium die Beschreibung des vollmächtigen Jesus, der in der Kraft Gottes die Dämonen vertreibt und Kranke heilt, mit der Passionsüberlieferung, in der Jesus ohnmächtig und der Macht des Satans preisgegeben erscheint. In der Passion scheint die Vollmacht in die Ohnmacht zu versinken. Aber gerade so überwindet sie die Macht des Todes und der Dämonen. (Vgl. Grundmann, Markus 12f)

Bei Matthäus liegt der Akzent in der Passion Jesu etwas anders. Jesus predigt nicht nur die Gewaltlosigkeit, er verzichtet in seiner Passion auch bewußt auf die Macht, die ihm eigentlich gegeben ist. Das Wort an Petrus deutet den Tod Jesu bewußt als Gewaltverzicht: „Steck dein Schwert in die Scheide; denn alle, die zum Schwert greifen, werden durch das Schwert umkommen. Oder glaubst du nicht, mein Vater würde mir sogleich mehr als zwölf Legionen Engel schicken, wenn ich ihn darum bitte? Wie würde dann aber die

Schrift erfüllt, nach der es so geschehen muß?“ (Mt 26,52-54) Wie Jesus, so soll auch die Gemeinde auf Gewalt und Macht verzichten. Denn „Gottes stille Macht erweist sich stärker als aller Menschen Gewalt und behält ihr gegenüber das letzte Wort.“ (Grundmann, Matthäus 15) Das Kreuz ist bei Matthäus also zum Symbol für Gewaltlosigkeit geworden und für ein geduldiges Ertragen, das in sich die Verheißung des Sieges trägt (Vgl. Mt 5,3-12.38-47). Der Tod Jesu am Kreuz bedeutet aber zugleich das Anbrechen einer neuen Welt. Die alte Welt zerreißt im Tempelvorhang, in den Sternbilder eingewoben waren und der als Abbild des Kosmos galt (Vgl. Balthasar 214f).

Für Lukas ist das Kreuz der notwendige Durchgang zur Herrlichkeit, mit der der Vater Jesus umkleidet. Es ist auch für uns der Weg, auf dem wir in die Herrlichkeit des Himmels gelangen können. Jesus ist der Anfänger des Lebens, der Anführer in das Leben (archegos tes zoes). Er hat als erster die Todesmacht durchbrochen und uns den Weg zum Leben gezeigt, damit wir wie er durch viele Bedrängnisse hindurch in das Reich Gottes eingehen (Vgl. Apg 14,22). Lukas knüpft hier an die jüdische Weisheitsliteratur an, für die das Leiden ein notwendiger Durchgang zur Herrlichkeit war. Das wird sichtbar in seiner Interpretation des Wortes vom Kreuztragen: „Wer mein Jünger sein will, der verleugne sich selbst, nehme täglich sein Kreuz auf sich und folge mir nach.“ (Lk 9,23) Lukas kann hier das Kreuztragen nicht wörtlich verstehen im Sinn, daß jeder, der Jesus nachfolgt, seinen Kreuzesbalken auf sich nehmen und ihn zur Hinrichtungsstätte tragen muß. Es geht hier also nicht um die Bereitschaft zum Martyrium, sondern um das Ja zu den täglichen Bedrängnissen, die das Leben mit sich bringt.

Wer Jesu Jünger sein will, der distanziere sich vom ständigen Kreisen um das eigene Ego, der halte sich Gott hin und übergebe sich und seine Existenz dem Vater und sage Ja zu dem, was der Vater ihm an Not und Gedränge zumutet, und zu einem Leben, das ihm seine eigenen Ideen und Pläne durchkreuzt. Kreuz wird so für Lukas zum Bild für eine christliche Existenz, die sich auf das Leben, auf die Menschen, auf diese Welt einläßt und so immer wieder durchkreuzt und für Gott aufgebrochen wird. Und Kreuz wird zum Bild dafür, daß der Christ Ja sagt zu den Gegensätzen, die er als Mensch der Erde und des Himmels in sich trägt und die ihn oft genug zu zerreißen drohen. Wer Ja sagt zu seinen Gegensätzen, der erweist sich als Jünger Jesu, der erfährt die Freiheit und Weite Gottes, seine Liebe und seine Klarheit.

c) bei Johannes

Eine ganz andere Kreuzestheologie kennt das Johannesevangelium. Johannes sieht das Kreuz nicht als Zeichen der Schwäche, sondern der Herrlichkeit. Am Kreuz wird Jesus vom Vater erhöht und verherrlicht. Am Kreuz wird Christus aufgenommen in die Herrlichkeit des ewigen Vaters. Als Verherrlichung ist das Kreuz aber zugleich Gericht, das die Sünde der Welt aufdeckt und Gottes Herrschaft über diese Welt neu aufrichtet. Der erhöhte Christus ist und bleibt für Johannes immer der Gekreuzigte. Johannes vergleicht Jesus am Kreuz mit der ehernen Schlange, die Mose an eine Fahnenstange geheftet hat, damit die Israeliten, die von giftigen Schlangen gebissen wurden, durch den Blick auf diese erhöhte Schlange gesund würden: „Wie Mose die Schlange in der Wüste erhöht hat, so muß der Menschensohn erhöht werden, damit jeder, der (an ihn) glaubt, in ihm das ewige Leben hat.“ (Joh 3,14f) Der Blick auf Jesus, den Durchbohrten, wirkt uns, die wir vom Gift dieser Welt tödlich gebissen wurden, Heilung und Erlösung. Jesus ist am Kreuz der verwundete Arzt. Asklepios, der Heilgott der Griechen, wurde mit einem Stab dargestellt, an dem eine Schlange befestigt war. Das Kreuz stellt auf der einen Seite die tiefste Wunde dar, die uns bedroht, die Wunde des Todes. Auf der andern Seite ist es zugleich Zeichen des Heils und der Erlösung. Wer an Christus glaubt, der am Kreuz für uns erhöht worden ist, der hat in Christus schon jetzt ewiges Leben, ein Leben, das auch durch den Tod nicht mehr zerstört werden kann. Das Kreuz ist für Johannes zugleich die Einladung der Liebe, zu ihm zu kommen und in ihm die Liebe Gottes auf neue Weise zu erfahren: „Und ich, wenn ich über die Erde erhöht bin, werde alle zu mir ziehen.“ (Joh 12,32) Das Kreuz ist der Thron, auf den Jesus steigt, um für alle sichtbar über diese Welt zu herrschen und um alle einzuladen, an seinem ewigen Leben teilzuhaben. Und es ist Bild einer Liebe, die sich ganz und gar öffnet. Jesus, der am Kreuz die Arme ausbreitet, verzichtet auf jeden Schutz, den wir oft vor uns hinhalten. Er überläßt sich dem Vater und er läßt uns Menschen bei sich und in seiner Liebe eintreten. Die offene Gebärde der Arme wird bei Johannes noch unterstrichen durch das geöffnete Herz, zu dem wir alle Zutritt erhalten. Aus diesem offenen Herzen strömen Blut und Wasser, Bild für den Geist Gottes, der über uns ausgegossen wird, und für die Liebe Gottes, die uns durchdringen und verwandeln will. „Die Öffnung des Herzens ist Hergabe des Innersten und Persönlichsten zu öffentlichem Gebrauch; der offene, entleerte Raum ist für alle betretbar.“ (Balthasar 218)

Das Kreuz ist bei Johannes also einmal Symbol für die Verwandlung unseres Lebens. Das Kreuz als das schändliche Marterwerkzeug wird zum Bild für die Verherrlichung Jesu. Darin wird die Vollendung der Menschwerdung Gottes in Jesus Christus sichtbar. Alles ist von göttlichem Leben durchdrungen, sogar der grausamste Tod noch. Alles ist verwandelt, selbst der Tod ist ins Leben hinein verwandelt, die Einsamkeit in Gemeinschaft, der Schmerz in Liebe, das Verachtetwerden in Verherrlichung. Zum andern ist das Kreuz bei Johannes Zeichen von Jesu Liebe, der uns bis zum Ende, bzw. bis zum Äußersten geliebt hat (Vgl. Joh 13,1). Das Kreuz, das an unseren Wänden hängt, soll uns daher immer und überall erinnern, daß wir von Gottes Liebe umfangen sind, daß Gottes Liebe sich bis in den Staub unseres Alltags hinabbeugt, um uns dort an unseren verwundbarsten Stellen liebevoll zu berühren und zu heilen. Nichts ist ausgeschlossen von dieser Liebe Gottes. So ist das Kreuz ein Hoffnungszeichen, ein Liebeszeichen. So wie wir Bilder von geliebten Menschen auf unseren Schreibtisch stellen, um uns immer wieder daran zu erinnern, daß wir von ihnen geliebt werden und daß diese Liebe uns trägt, so soll uns das Kreuz immer wieder daran erinnern, daß wir von Gott geliebt sind, mit einer Liebe, die sich hinabbeugt bis zu unseren Füßen, bis zu den unansehnlichsten Stellen unseres Leibes und unserer Seele, bis in die dunklen Kammern unseres Herzens, in die wir selbst nicht hineinsehen möchten.

3. Theologische Deutung des Kreuzes bei Karl Rahner

Die Beschäftigung mit der Theologie Karl Rahners, des wohl größten deutschen Theologen der Nachkriegszeit, hat mich vor allem deshalb fasziniert, weil bei ihm die Theologie eng mit seiner Spiritualität verbunden ist. Gerade seine Kreuzestheologie hat ihren Grund in der ignatianischen Kreuzesmystik. Rahner treibt nicht Theologie um der reinen Spekulation willen, sondern um seine persönliche Spiritualität zu vertiefen und ihr ein gutes Fundament zu geben. Da wir einen Verstand haben, muß er auch befriedigt werden. Spiritualität darf nicht zur Flucht in die Erbaulichkeit werden. Sie muß uns in allen Bereichen ansprechen, im Verstand und im Gefühl, im Bewußten und im Unbewußten. Bei Rahner ist etwas von dieser Einheit von Theologie und Spiritualität zu spüren.

Ein weiteres Anliegen der Rahnerschen Theologie ist es, auf die Fragen des heutigen Menschen zu antworten. Rahner hat den sog. transzendentalen Ansatz entwickelt. Er fragt nach den Bedingungen im Menschen, um überhaupt die christliche Botschaft von der Erlösung zu verstehen. Er gibt sich nicht damit zufrieden, einfach alte Wahrheiten zu wiederholen und den Menschen hinzuwerfen, daß er sie schlucken müsse, wenn er glauben möchte. Rahner fragt nach der Struktur des menschlichen Denkens und der menschlichen Existenz, um dorthinein die christliche Botschaft neu zu formulieren. Theologie war ja seit jeher der Versuch, die Botschaft von der Erlösung in Auseinandersetzung mit der Philosophie der jeweiligen Zeit so zu buchstabieren, daß die Menschen sie verstehen. Das hat als erster wohl Anselm von Canterbury klar umschrieben mit seiner Formel: fides quaerens intellectum: der Glaube sucht nach Einsicht und Verständnis dessen, was er glaubt. Rahner hat vor allem das Gespräch mit der heutigen Philosophie gesucht, und zwar mit der Philosophie Martin Heideggers und mit der Neuformulierung der thomistischen Philosophie, wie sie vor allem Maréchal versucht hat. Beide Weisen zu philosophieren sind für viele von uns schon wieder fremd geworden. Für uns wäre eher das Gespräch mit der heutigen Psychologie befruchtend. Daher müssen wir den Ansatz Rahners heute weiterführen und von der Psychologie her nach Voraussetzungen im Menschen fragen, die christliche Botschaft zu verstehen und neu zu buchstabieren.

a) das Kreuz als Ort der Erlösung

In seinem transzendentalen Ansatz fragt Rahner nach den Bedingungen im Menschen, die es ihm ermöglichen, daran zu glauben, daß Gott uns durch die geschichtliche Tat seines Sohnes Jesus Christus erlöst und daß darin der Tod Jesu am Kreuz eine wichtige Rolle spielt. In verschiedenen Schritten entfaltet Rahner die Verwiesenheit des Menschen auf Jesus Christus als den absoluten Heilsbringer, wie er ihn nennt. Der Mensch greift in jedem Akt seiner Erkenntnis und Tat immer schon über sich hinaus auf das unumfaßbare Geheimnis Gottes hin. Um etwas Einzelnes erkennen zu können, muß der Mensch über das Einzelne hinausgehen und auf den absoluten Horizont des Seins, auf Gott, vorgreifen. Auch in jeder Freiheitstat ist Gott schon als ihr tragender Grund mitbejaht. Auch die Erfahrung der Mitmenschlichkeit, die für den Menschen wesentlich ist, verweist ihn immer schon auf das absolute Du Gottes. In diesen drei Bereichen, Erkenntnis,